महाभारत के योद्धा

महाभारत की एक अनूठी प्रस्तुति

देवदत्त पट्टनायक

लेखक द्वारा चित्रांकन

राजपाल

अनुवाद

मिहीर सासवडकर

स्थापित 1912
100 वर्षों की
श्रेष्ठ प्रकाशन परम्परा
राजपाल

₹ 199

ISBN : 9788195297597

पहला संस्करण : 2022, दूसरा संस्करण : 2024

MAHABHARAT KE YODDHA (Mythology) by Devdutt Pattanaik

(Hindi translation of *The Boys Who Fought*)

मुद्रक : शिव शक्ति प्रिंटर्स, दिल्ली

राजपाल एण्ड सन्ज़

1590, मदरसा रोड, कश्मीरी गेट, दिल्ली-110006

फोन : 011-23869812, 23865483, 23867791

e-mail : sales@rajpalpublishing.com

www.rajpalpublishing.com

www.facebook.com/rajpalandsons

उनके लिए

जो घृणा किए बिना लड़ सकते हैं

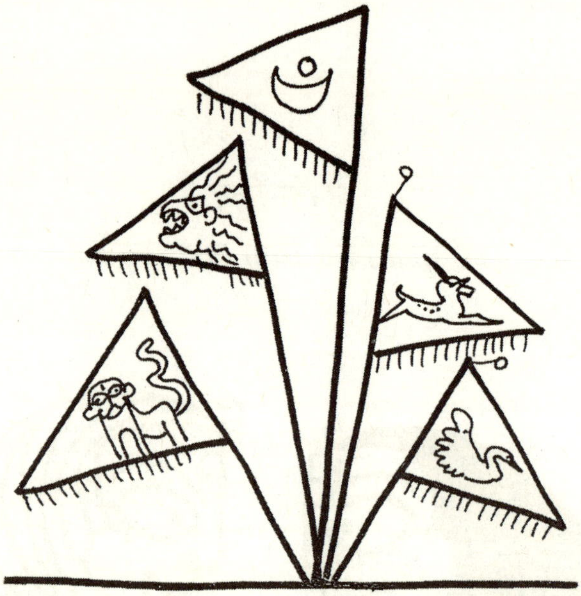

अनन्त पुराणों में छिपा है सनातन सत्य

इसे पूर्णत: किसने देखा है ?

वरुण के हैं नयन हज़ार,

इन्द्र के सौ,

आपके मेरे केवल दो।

क्रम

भूमिका

एक विशाल महाकाव्य

प्राचीन काल में व्यास नामक एक व्यक्ति हुए। उनके पिता ऋषि और माँ मछुआरिन थी। नदी के बीच द्वीप पर जन्मे व्यास का रंग सांवला था।

बचपन में व्यास जानवरों को आपस में लड़ते हुए देखते। उन्होंने यह भी देखा कि मनुष्य भी आपस में लड़ते हैं और वे सोचने लगे, तो फिर जानवर और मनुष्य, दोनों में अंतर क्या है?

जंगल में, शक्तिशाली जानवर कमज़ोर जानवरों को खा जाते हैं। लेकिन मानव समाज में शक्तिशाली लोग कमज़ोर लोगों की देखभाल कर सकते हैं।

व्यास समझ गए कि कमज़ोरों की देखभाल करना ही धर्म का पालन करना है। ऐसा करने से एक भला मानव समाज बनता है।

व्यास हिन्दू भजनों के सबसे प्राचीन संग्रह, वेदों, के संचयन के लिए भी प्रसिद्ध हैं। इसलिए उन्हें वेद व्यास कहा जाता है।

धर्म की समझ से प्रेरित होकर व्यास ने सौ भाइयों और उनके पाँच चचेरे भाइयों के बीच हुई लड़ाई पर 1,00,000 छंदों की अठारह अध्यायों में बँटी महान कथा रची।

व्यास यह कथा बोलते और हाथी के सिर वाले गणेश उसे लिखते जाते। यह कथा भारत की कथा है इसलिए यह महाभारत के नाम से जानी गयी।

लोगों ने इसे भरत काव्य यानी भरत वंश का गीत भी कहा। यह इसलिए कि सौ भाई और उनके पाँच चचेरे भाई भरत के वंशज थे। जिसने कभी भारत पर राज किया था। भरत

महाभारत अठारह अध्यायों में अठारह दिनों तक अठारह सेनाओं के बीच लड़ी लड़ाई की कहानी है।

महाभारत में वर्णित घटनाएँ लगभग 3000 वर्षों पहले उस क्षेत्र के आस-पास हुई होंगी जहाँ आज दिल्ली शहर स्थित है। लेकिन इस मूल संस्कृत महाकाव्य ने आज से लगभग 2000 वर्षों पहले अपना अंतिम रूप लिया। तेलुगु, ओडिया और हिन्दी जैसी क्षेत्रीय भाषाओं में इसके संस्करण लगभग 1000 वर्षों पुराने हैं।

वंश को कुरु वंश के नाम से भी जाना जाता है।

कुछ लोगों ने इस कहानी को 'विजय' नाम दिया। यह इसलिए कि इसमें पाँच पांडवों और उनकी सिर्फ़ सात सेनाओं द्वारा सौ कौरवों और उनकी ग्यारह सेनाओं पर अठारह दिन के युद्ध में हासिल की गई विजय का वर्णन है।

लेकिन, व्यास इस बात पर दृढ़ थे कि उनके महाकाव्य को 'जय' कहा जाना चाहिए, एक ऐसी जीत जिसमें किसी की हार नहीं होती। यह इसलिए कि कहानी में यदु वंश के कृष्ण, जो पांडवों और कौरवों दोनों के चचेरे भाई हैं, एक अलग तरह की लड़ाई की बात कहते हैं—रणभूमि पर हथियार उठने से पहले होने वाली महान लड़ाई, हमारे दिल और दिमाग में होने वाली विचारों और भावनाओं की लड़ाई।

प्रौढ़ कृष्ण की कहानी *महाभारत* में बताई गई है। युवा कृष्ण की कहानी 1500 वर्षों पहले लिखे गए *हरिवंश पुराण* में बताई गई है। *भागवतम्* या *भागवत पुराण* की रचना उसके भी बाद की गई। उसमें कृष्ण को विश्व के संरक्षक, विष्णु, के रूप में वर्णित किया गया है।

अध्याय 1

पहली लड़ाई : अनाथों की

कुरु वंश के पांडु, हस्तिनापुर के राजा थे। एक दिन, हिरण का शिकार करने वे जंगल में गए। दुर्भाग्यवश, उन्होंने एक ऋषि और उनकी पत्नी को गलती से हिरण समझकर बाण मार दिया। अपने अपराध का प्रायश्चित करने के लिए, पांडु ने जंगल में वैरागी बनकर रहने का निर्णय लिया।

पांडु की दो पत्नियाँ, कुंती और माद्री, भी महल छोड़कर जंगल में उनके साथ रहने के लिए आ गईं।

तब कुंती ने पांडु से कहा कि सब कुछ समाप्त नहीं हुआ है, वे निराश न हों। कुंती ने बताया कि उसके पास एक मंत्र है, एक ऐसा पवित्र सूत्र, जिससे वे देवताओं का आह्वान कर उनसे संतान माँग सकते हैं।

मृत्यु और न्याय के देवता, यम, से कुंती ने धर्मनिष्ठ युधिष्ठिर को पाया।

वायु देव से कुंती ने शक्तिशाली भीम को पाया।

आकाश और मेघों के देवता, इन्द्र, से कुंती ने गुणवान अर्जुन को पाया।

घोड़ों को चाहने वाले जुड़वाँ देव, अश्विनों, से माद्री ने जुड़वाँ बेटे - सुंदर नकुल और ज्ञानी सहदेव पाये।

पांडु, उनकी दोनों पत्नियों और पाँचों बच्चों ने जंगल में कई वर्ष सुख से बिताए। फिर एक दिन पांडु और माद्री दोनों की मृत्यु हो गई। पांडवों की देखभाल के लिए अब कुंती अकेली रह गई।

जंगल में रहने वाले साधुओं ने कुंती को हस्तिनापुर लौटने का सुझाव दिया।

इसलिए कुंती अपने बच्चों को हस्तिनापुर ले गईं, जहाँ पाँचों पांडव पहली बार अपने पिता के विशाल परिवार से मिले।

पांडवों के पितामह भीष्म, ने सिंहासन त्यागकर विवाह करने से इनकार किया था, ताकि उनके पिता शांतनु, सत्यवती से विवाह कर सकें। यह इसलिए कि सत्यवती चाहती थी कि उसके बच्चे और पोते राजा बनें, ना कि भीष्म के।

पांडु के बड़े भाई, धृतराष्ट्र, जन्मांध थे इसलिए शुरू में उन्हें राजा नहीं बनाया गया। (वैदिक काल के राजाओं का बेदाग होना आवश्यक था।)

धृतराष्ट्र की पत्नी गांधारी, अपने पति के अंधेपन में उनका साथ देने के लिए अपनी आँखों पर पट्टी बाँधती थीं।

कृपाचार्य राजगुरु थे।

कुरु राजा के सलाहकार, विदुर, की माँ एक दासी थी। इसके बावजूद उन्हें छोटे भाई का दर्जा दिया गया था।

पांडवों को पता चला कि वे महान कुरु-कुल के वंशज थे, उनका वंश भरत या चंद्र-वंश के नाम से भी जाना जाता था।

वंशावली

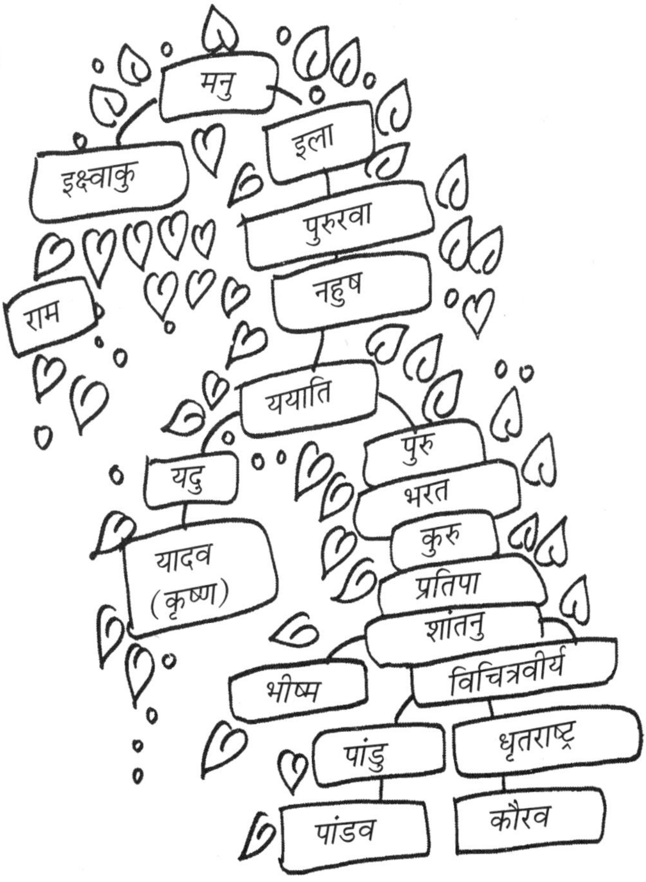

फिर पाँचों पांडवों को अपने ताऊ के पुत्रों—कौरवों से मिलवाया गया। वे अपनी कौरव बहन, दुशाला, से भी मिले।

गांधारी ने मांस के एक गोले को जन्म दिया था। एक ऋषि ने उस गोले को सौ टुकड़ों में काटकर उन्हें अलग-अलग बर्तनों में रख दिया। उन सौ बर्तनों में से सौ बेटों ने जन्म लिया। और एक अतिरिक्त बर्तन में से एक बेटी जन्मी। सबसे ज्येष्ठ कौरव दुर्योधन, का जन्म उसी दिन हुआ, जिस दिन भीम जन्मे थे।

ऋषि कृपाचार्य समझ गए कि सौ कौरव पाँच पांडवों से घृणा करते हैं।

क्या आप जानते हैं?—इस महाकाव्य में जुड़वाँ भाई-बहनों की कई जोड़ियाँ हैं : कृपा और कृपी, हिडिंब और हिडिंबि। धृष्टद्युम्न और द्रौपदी, उत्तरा और उत्तरी।

द्रोण कृपाचार्य के साथ कुरु राजकुमारों को युद्ध कला सिखाने के लिए सहमत हो गए। लेकिन उनकी एक शर्त थी।

इस तरह सौ कौरव और पाँचों पांडव द्रोणाचार्य के शिष्य बन गए।

यह शुरू से ही स्पष्ट हो गया था कि पाँचों पांडव सारे के सारे कौरवों से कहीं ज़्यादा शक्तिशाली, बुद्धिमान और कुशल थे।

अर्जुन के कौशल और भीम की शक्ति के कारण दुर्योधन ने स्वयं को बहुत असुरक्षित महसूस किया। इसलिए दुर्योधन अपने शकुनि मामा के पास गए, जो एकमात्र ऐसे व्यक्ति थे जिन पर वह भरोसा करते थे।

शकुनि के कहने पर दुर्योधन ने भीम को भोजन के लिए महल में बुलाया। भीम को खाना बहुत पसंद था। इसलिए, खाने की धुन में वे यह नहीं समझे कि उन्हें ज़हरीला खाना परोसा जा रहा था। ज़हर के प्रभाव से बेहोश हो जाने पर कौरवों ने भीम के हाथ-पैर बाँधकर उन्हें नदी में फेंक दिया। भीम निश्चित ही डूब जाते यदि नाग उन्हें नहीं बचाते। वे भीम को वापस हस्तिनापुर ले गए। अपने छल की विफलता के बारे में जानकार दुर्योधन बहुत निराश हुए।

नाग सांप जैसे प्राणी हैं जो धरती के नीचे, जंगल में और पानी में रहते हैं। उनके पास ऐसी मणि होती है जिससे सभी बीमारियाँ ठीक हो सकती हैं और मृत प्राणी फिर से जीवित भी किए जा सकते हैं।

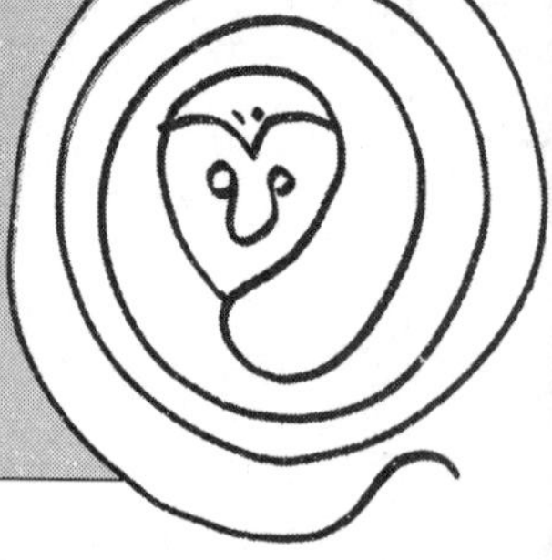

भीम ने दुर्योधन पर उन्हें मारने की कोशिश करने का आरोप लगाया लेकिन किसी ने उन पर विश्वास नहीं किया। इसलिए, बदला लेने के लिए भीम अपने खाली समय में कौरवों का पीछा कर उनकी पिटाई करते रहते। भीम के क्रोध से बचने के लिए कौरव पेड़ों पर चढ़ जाते। लेकिन भीम पेड़ को ज़ोर से हिलाते और कौरव फल की तरह नीचे गिर जाते।

एक दिन, पाँचों पांडव जंगल में एकलव्य नामक आदिवासी लड़के से मिले जिसने दावा किया कि उनकी तरह वह भी द्रोणाचार्य का शिष्य है। वह एक उत्कृष्ट धनुर्धर है—जो एक कुत्ते को भौंकने से रोकने के लिए उस कुत्ते को चोट पहुँचाए बिना उसके मुँह में बाण मार सकता है।

तुममें राजवंश का खून नहीं है, इसलिए मैंने कभी तुम्हें अपने शिष्य के रूप में स्वीकार नहीं किया। इसके बावजूद यदि तुम मेरा शिष्य होने का हठ करते हो, तो गुरुदक्षिणा के रूप में मुझे अपना अँगूठा दो।
फिर वह धनुष कभी नहीं चला पाएगा!
मैं जानता हूँ। यह एकमात्र तरीका है जिससे राजकुमार अर्जुन, तुम मेरे शिष्य, विश्व के सबसे महान धनुर्धर बने रहोगे।
क्या यह धर्म है?
कई आदिवासी समुदाय एकलव्य का नायक के रूप में आदर करते हैं। इस घटना के कई वर्षों बाद, सूअर के शिकार पर निकले अर्जुन एक आदिवासी शिकारी से पराजित होते हैं। जिससे अर्जुन को सीख मिलती है कि मात्र राजकुमार होना उन्हें विशिष्ट नहीं बनाता है।

कई वर्षों के प्रशिक्षण के बाद द्रोण के 105 राजकुमार शिष्यों ने अपनी पसंद के हथियार चलाने में निपुणता हासिल की : युधिष्ठिर भाला चलाने में, भीम गदा चलाने में, अर्जुन धनुष चलाने में और नकुल और सहदेव तलवार चलाने में। दुर्योधन भी गदा चलाने में निपुण बन गए। द्रोण के पुत्र अश्वत्थामा ने भी अपने पिता से धनुर्विद्या सीख ली। यद्यपि गदा युद्ध में दुर्योधन भीम जितने निपुण थे, धनुर्विद्या में अश्वत्थामा अर्जुन की बराबरी नहीं कर सके।

शिक्षा पूरी हो जाने पर सबको एक ध्वज दिया गया जिस पर उनका अद्वितीय प्रतीक था : युधिष्ठिर का प्रतीक चंद्रमा, भीम का प्रतीक शेर, अर्जुन का प्रतीक वानर, नकुल का प्रतीक हिरण और सहदेव का प्रतीक हंस। संभवतः यह उनके व्यक्तित्व को दर्शाता था। दुर्योधन का प्रतीक एक कोबरा नाग था।

द्रोण ने एक प्रतियोगिता आयोजित की पूरे भूमंडल को दिखाने के लिए कि उन्होंने कुरु राजकुमारों को कितना उत्कृष्ट प्रशिक्षण दिया है। पांडव स्पष्ट रूप से कौरवों से श्रेष्ठ थे,

और अर्जुन निस्संदेह सबसे महान धनुर्धर थे। सभी ने उनकी जय-जयकार की।

लेकिन फिर, लोगों की भीड़ में से चमकदार कवच और कुंडल पहने हुए एक नौजवान खड़ा हुआ। उसने धनुष उठाकर यह साबित कर दिखाया कि वह अर्जुन से भी श्रेष्ठ धनुर्धर है। कौन था वह?

द्रोण और भीष्म दोनों ने नियमों को बदलने से इनकार कर दिया। पांडव खुश थे। कौरव क्रोधित थे।

पांडवों की माँ, कुंती, ने सबसे एक रहस्य छुपाया था। पांडु से विवाह करने से पहले, उन्होंने अपने मंत्र से सूर्यदेव

का आह्वान कर उनसे एक बेटा प्राप्त किया था। लेकिन उन्होंने उसे नदी में बहाकर त्याग दिया था। सारथी दंपति ने उसे गोद लेकर उसकी परवरिश की और वह बड़ा होकर कर्ण कहलाया।

कई वर्षों पहले, मैं बहुत गरीब था—इतना गरीब कि मैं अपने बेटे अश्वत्थामा को पीने के लिए दूध तक नहीं दे सकता था। इसलिए मैंने अपने बचपन के मित्र, पांचाल नरेश द्रुपद, से एक गाय माँगी। लेकिन उसने मेरा अपमान किया।
तुम मुझे अपना मित्र कैसे कह सकते हो? जब हम बच्चे थे, तब हम दोनों में बराबरी थी। लेकिन अब मैं एक राजा हूँ और तुम भिखारी हो। केवल समान लोग ही मित्र हो सकते हैं।
एक दिन, मैं भी तुम्हारी बराबरी करूँगा। फिर मैं तुम्हें मेरा मित्र बनने को विवश करूँगा।
मैंने कुरु राजकुमारों को युद्ध की कला में प्रशिक्षित किया ताकि गुरुदक्षिणा के रूप में मैं उनसे तुम्हारा आधा राज्य माँग सकूँ।

पांडवों के गुरु, द्रोण ने भी सबसे एक रहस्य छुपाया था।

युद्ध की कला में पूरी तरह से प्रशिक्षित कौरवों और पांडवों को द्रोण को गुरुदक्षिणा देने का समय अब आ गया था। इसलिए उन्होंने पांचाल राज्य पर हमला कर उसके राजा द्रुपद को पराजित किया। फिर द्रुपद के राज्य के आधे हिस्से पर कब्ज़ा कर उन्होंने उसे द्रोण को सौंप दिया। द्रोण बहुत खुश थे; गुरुदक्षिणा के साथ-साथ उन्होंने द्रुपद से बदला भी ले लिया।

कुरु राजकुमारों की पांचाल नरेश द्रुपद पर जीत की जानकारी से हस्तिनापुर निवासी खुश हुए। उनको आशा थी कि इस जीत के कारण धृतराष्ट्र के सौ बेटे और पांडु के पाँच बेटे मित्र बन जाएँगे।

भाइयों में शांति बनाए रखने के लिए धृतराष्ट्र ने अपने बेटों को कहकर पांडवों के लिए एक सुंदर महल बनवाया। इससे पांडव बहुत खुश हुए, क्योंकि पहली बार, उन्हें लगा कि उनके ताऊ के राज्य में कोई उन्हें चाहता था।

लेकिन उसी रात, जब सब सोए थे, महल में आग लग

गई। वह लाख का जो बना था!

आग बुझ जाने पर पांडव और उनकी माँ कहीं नहीं दिखे। सभी को लगा कि वे जलकर राख हो चुके थे। विदुर रोये। भीष्म रोये। गांधारी रोई। धृतराष्ट्र रोये। दुशाला रोई। लेकिन दुर्योधन और शकुनि हँसे। उनका छल काम कर गया था।

अध्याय 2

दूसरी लड़ाई : शरणार्थियों की

एक सुरंग से होकर पांडव जंगल की ओर सुरक्षित निकल गए थे।

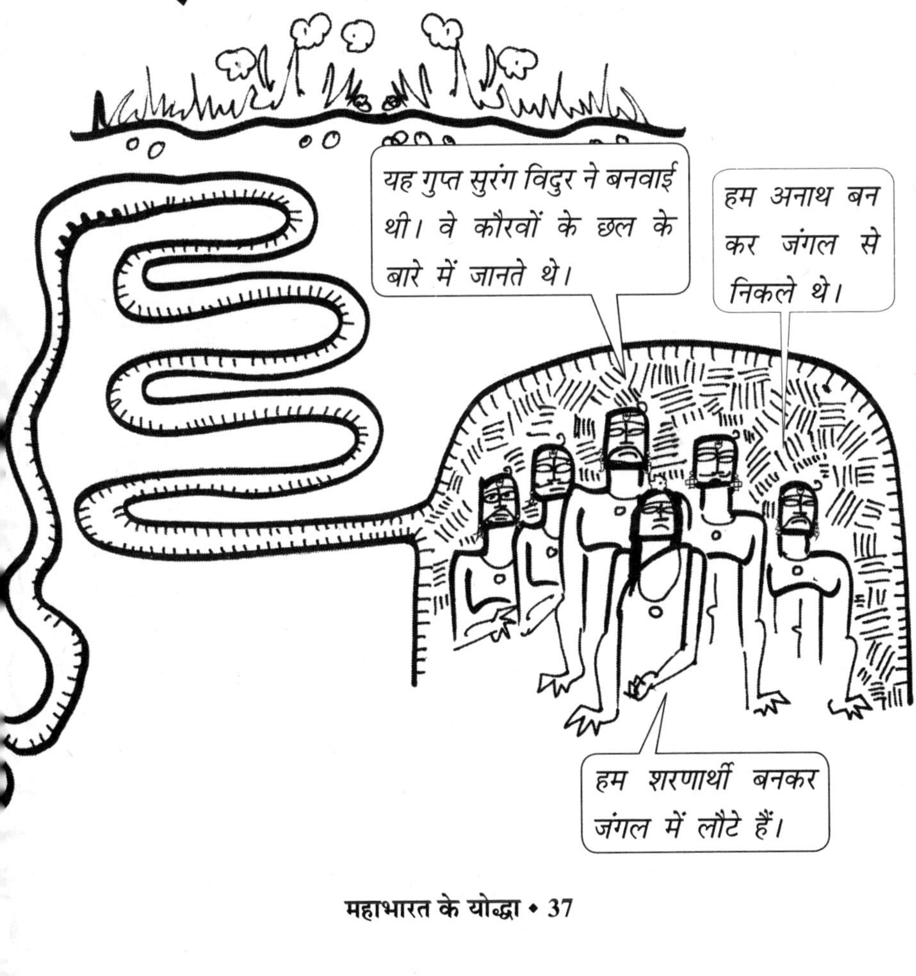

पांडवों ने लोगों से अपनी पहचान छुपाए रखी। अपनी विधवा माँ के साथ पाँच अनाथ बेटे होने का उन्होंने ढोंग किया। वे किसी एक जगह पर लंबे समय तक कभी नहीं रुके। वे दिनभर चलते थे और केवल रात में किसी निकट के गाँव में विश्राम करते थे।

उनका जीवन संघर्षभरा था। जंगल में रहने वालों को भोजन के लिए अन्य जानवरों के साथ प्रतिस्पर्धा करनी पड़ती है। यही नहीं, उन्हें हिंसक जानवरों से भी सतर्क रहना पड़ता है जो उन्हें ही अपना भोजन समझते हैं। कभी-कभार, पांडव इतने थक जाते थे कि अगले गाँव तक चलना भी उनके लिए असंभव होता था। तब भीम अपनी माँ और भाइयों को अपने कंधों पर उठाकर उन्हें अगले गाँव तक ले जाते।

एक रात, पांडवों ने देखा कि उनके मेज़बान एक बैलगाड़ी को खाने से लादकर अपने बेटे को रोते हुए विदा कर रहे थे। गाँववालों ने पांडवों की देखभाल की थी। इसलिए कुंती

ने उनके बेटे के बदले अपने एक बेटे—भीम—को जंगल में भेजा। गाँववाले अपने इस भाग्य पर दंग रह गए। उन्होंने कुंती की उदारता और बलिदान के लिए उनका आभार माना। और भीम भी खुश थे। वे जानते थे कि कुंती के इस निर्णय ने न केवल उनके लिए पर्याप्त भोजन सुनिश्चित किया था बल्कि गाँववालों की समस्या भी सदा के लिए दूर होने वाली थी। वे बैलगाड़ी जंगल में ले गए और रास्ते में सारा भोजन अपने आप खा गए। फिर जब बका ने उन पर हमला किया, तब उससे लड़कर उन्होंने उसे मार डाला।

इसके बाद उन्होंने भयानक हिडिंब सहित कई अन्य राक्षसों को भी मार डाला, जो गाँववालों को तंग किया करते थे।

शांति बनाए रखने के लिए, हिडिंब की बहन, हिडिंबा, ने भीम से विवाह कर लिया। हिडिंबा ने भीम और उनके परिवार

की देखभाल की। उनके मिलन से घटोत्कच नामक पराक्रमी बेटे ने जन्म लिया। हिडिंबा ने वचन दिया कि गाँववालों और जंगल में रहने वाले लोगों के बीच वह सद्भाव का निर्माण करेगी।

कई महीनों बाद, पांडवों को खबर मिली कि पांचाल नरेश द्रुपद, धनुर्विद्या की प्रतियोगिता आयोजित कर रहे हैं और इस प्रतियोगिता के विजेता से उनकी बेटी, द्रौपदी, का विवाह होगा। लेकिन पांडव यह नहीं जानते थे कि द्रौपदी के जन्म के पीछे का उद्देश्य क्या था।

देवताओं ने द्रुपद की माँगें पूरी कीं और धृष्टद्युम्न नामक

हिडिंबि या हिडिंबा देवी को हिमाचल प्रदेश में वन देवी के रूप में पूजा जाता है।

बेटे और द्रौपदी नामक सुंदर बेटी ने जन्म लिया। वे हवन की अग्नि से जन्मे थे, नवजात शिशु के रूप में नहीं, बल्कि युवक और युवती के रूप में।

सारथी का बेटा होने के कारण कर्ण को धनुर्विद्या की

प्रतियोगिता में भाग लेने से मना कर दिया गया था। इस अपमान के लिए उन्होंने द्रौपदी को कभी माफ़ नहीं किया। लेकिन पांडवों ने पांचाल में प्रतियोगिता में हिस्सा लिया।

प्रतियोगिता जीतने के लिए धनुर्धरों को छत से लटके पहिए के साथ घूम रही मछली की आँख को छेदना ज़रूरी था। लेकिन इसमें चुनौती यह थी कि वे सीधे मछली को नहीं बल्कि नीचे रखे पानी के कुंड में मछली के प्रतिबिंब को देखते हुए निशाना लगा सकते थे। और इस प्रतियोगिता को अर्जुन आसानी से जीत गए।

माँ, देखो मैंने धनुर्विद्या की प्रतियोगिता में क्या जीता।
मुझे पाँच पतियों की पत्नी बना दिया गया है।
अब हम पाँच भाइयों की एक ही पत्नी है।
जो कुछ भी जीत कर लाये हो, उसे अपने भाइयों के साथ बराबर से बाँट लो।
क्या यह धर्म है?
लेकिन द्रौपदी क्या चाहती है? क्या कोई परवाह करता है?

द्रौपदी और पांडवों के विवाह में, पांडव श्रीकृष्ण से पहली बार मिले।

क्या आपने ध्यान दिया? जैसे शकुनि कौरवों के मामा हैं, वैसे ही श्रीकृष्ण के पिता, वासुदेव, पांडवों के मामा हैं।

पांडवों के लिए अब डरने का कोई कारण नहीं था और न ही जंगल में छिपने की कोई आवश्यकता थी। इसलिए, द्रौपदी को साथ लेकर, वे हस्तिनापुर में अपने ताऊ के समक्ष प्रस्तुत हुए।

अध्याय 3

तीसरी लड़ाई : राजाओं की

पांडवों और उनकी माँ को द्रौपदी और श्रीकृष्ण के साथ जंगल से आकर प्रकट हुआ देखकर कुरु राजवंश के बुज़ुर्ग शर्मिंदा हुए। उन्हें अपराधबोध भी महसूस हुआ। प्रायश्चित

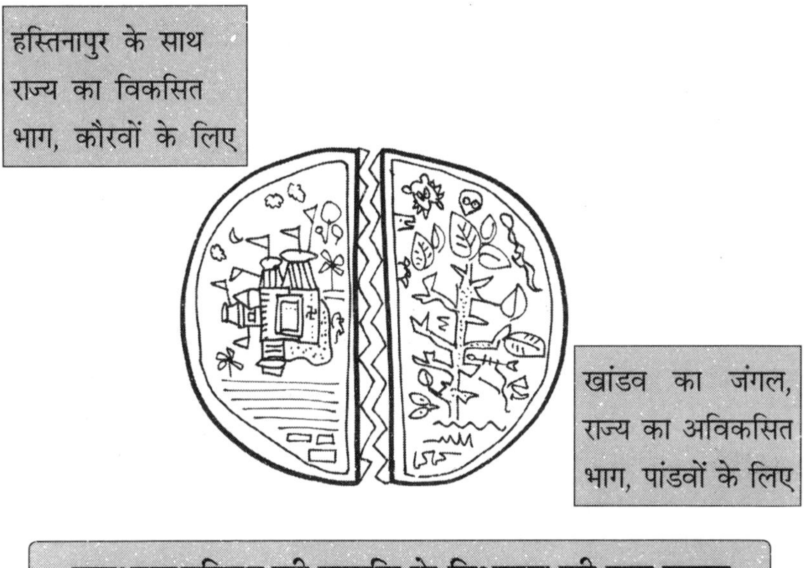

महाभारत **परिवार की सम्पत्ति के विभाजन की बात करता है, इसलिए कई लोग उसे घर में पढ़ना पसंद नहीं करते। वहीं *रामायण*, परिवार की सम्पत्ति को एकजुट रखने की बात करती है, इसलिए लोग उसे पढ़ना पसंद करते हैं।**

करने, भाइयों में फिर से शांति लाने और अपमान से बचने के लिए, राज्य का दो हिस्सों में विभाजन किया गया।

एक समय था जब पांडवों को जंगल में शरण लेनी पड़ी थी। अब वही जंगल उनकी सम्पत्ति बन गया था। वे उसके साथ जो चाहे कर सकते थे।

वन की भूमि पर मनुष्यों का कोई नियंत्रण नहीं होता। खेत की भूमि पर मनुष्यों का पूरा नियंत्रण होता है।

इसलिए जंगल को आग लगाकर वह भूमि अग्नि-देवता को अर्पित की गई। आग की लपटों ने पेड़ों और जंगल में रहने वाले सभी पंछियों और जानवरों को नष्ट कर दिया।

आग बुझ जाने पर माया ने पांडवों के लिए एक शानदार महल बनाया। उन्होंने महल का नाम इन्द्रप्रस्थ रखा। इन्द्रप्रस्थ की रानी, द्रौपदी, यहाँ अपने पाँच पतियों के साथ रहती थी। जल्द ही, द्रौपदी ने अपने हर पति के साथ एक बच्चे को जन्म दिया। उन्हें पांडव कहा गया।

कुछ समय बाद, अर्जुन तीर्थयात्रा पर निकले। इस यात्रा में उन्होंने तीन महिलाओं से विवाह किया। प्रत्येक पत्नी ने एक पुत्र को जन्म दिया।

_महाभारत_ के तमिल पुनर्कथनों में, अर्जुन कई अन्य महिलाओं से विवाह करते हैं। उनमें से एक थी, अयलि, जो एक योद्धा थी।

इस बीच, युधिष्ठिर इन्द्रप्रस्थ के स्वामी होने से संतुष्ट नहीं थे। उन्हें इन्द्रप्रस्थ का राजा बनना था।

प्रत्येक पांडव स्वर्ग के शासक, अर्थात इन्द्र का अवतार थे। द्रौपदी पुनर्जन्म लिये हुए इन्द्र की पत्नी, शची का अवतार थी।

उनकी योजना सफल हुई। जरासंध ने कुश्ती के लिए भीम की चुनौती स्वीकार की। कुश्ती में, श्रीकृष्ण के कहने पर, भीम ने जरासंध के शरीर को दो भागों में चीरकर प्रत्येक भाग को एक दूसरे के विपरीत अलग-अलग दिशा में फेंक दिया। यह मगध के राजा का वध करने का एकमात्र तरीका था।

क्या आप जानते हैं? जैन समुदाय के *महाभारत* में, श्रीकृष्ण और जरासंध के बीच एक महान् युद्ध होता है। पांडव श्रीकृष्ण का समर्थन करते हैं, जबकि कौरव जरासंध का समर्थन करते हैं।

जरासंध के वध की सूचना से प्रभावित होकर भारतभर के राजा युधिष्ठिर के राज्याभिषेक के लिए आए। कौरव भी आए। अपने चचेरे भाइयों की सफलता को देखकर उन्हें बहुत ईर्ष्या महसूस हुई।

सबसे ज़्यादा ईर्ष्या दुर्योधन को हुई। पांडवों के शानदार महल में घूमते हुए, दुर्योधन पानी के एक कुंड को ज़मीन समझकर उसमें गिर गए। यह देखकर द्रौपदी को हँसी आ गई, जिससे दुर्योधन की ईर्ष्या क्रोध में बदल गई।

फिर दुर्योधन ने शकुनि के साथ मिलकर पांडवों की सारी सम्पत्ति जो उन्होंने अर्जित की थी, हड़पने का षड्यंत्र रचा। कौरवों ने युधिष्ठिर को जुए के खेल के लिए आमंत्रित किया। लेकिन युधिष्ठिर यह नहीं जानते थे कि असल में कौरव ऐसी चाल चल रहे थे जिससे युधिष्ठिर पांडवों की सारी सम्पत्ति को दांव पर लगाकर उसे खो देने पर मजबूर हो जाते।

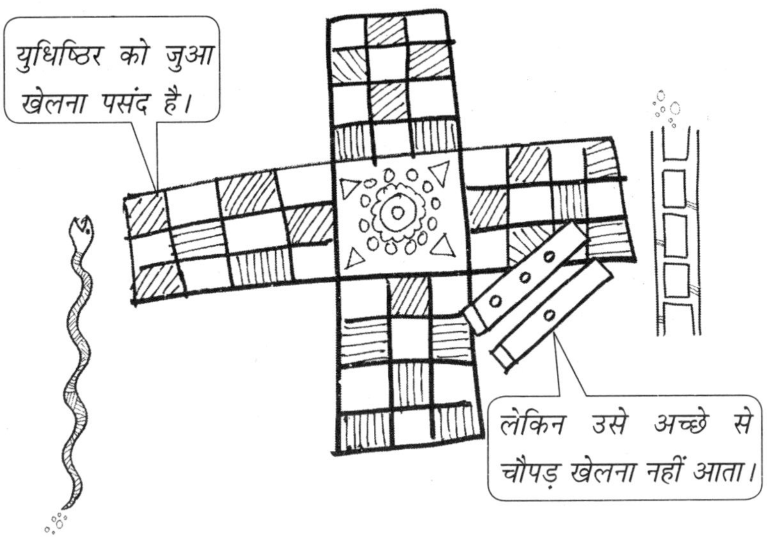

साँप-सीढ़ी और शतरंज जैसे तख्त पर खेले जाने वाले कई खेलों का आविष्कार भारत में हुआ। इन खेलों से लोग जुआ भी खेलते थे। *महाभारत* जैसी कथा जुए के खतरों से हमें आगाह करती हैं।

पांडवों को और भी अपमानित करने के लिए, कौरवों ने द्रौपदी को जुए के सभागृह में घसीटकर सबके सामने उनका वस्त्रहरण करने की कोशिश की।

इस कृत्य से देवताओं को भी घृणा हुई। फिर एक चमत्कार हुआ। जैसे-जैसे कौरव द्रौपदी की साड़ी खींचते गए, वैसे-वैसे नया कपड़ा हवा से प्रकट होकर द्रौपदी के शरीर को ढँकता गया। यह कपड़ा आता ही गया जिस कारण कौरव डर गए और उन्होंने साड़ी खींचना रोक दिया।

धृतराष्ट्र समझ गए कि देवता गुस्सा हैं। इसलिए उन्होंने द्रौपदी से मूर्ख कौरवों को क्षमा करने और जुए के सभागृह को शांतिपूर्वक छोड़ने की विनती की। द्रौपदी मान गईं।

लेकिन फिर चालाक कौरवों ने पांडवों को धोखा देकर उन्हें उनके साथ जुए का एक और खेल खेलने का सुझाव दिया। युधिष्ठिर फिर से सहमत हुए। और वे फिर से हार गए।

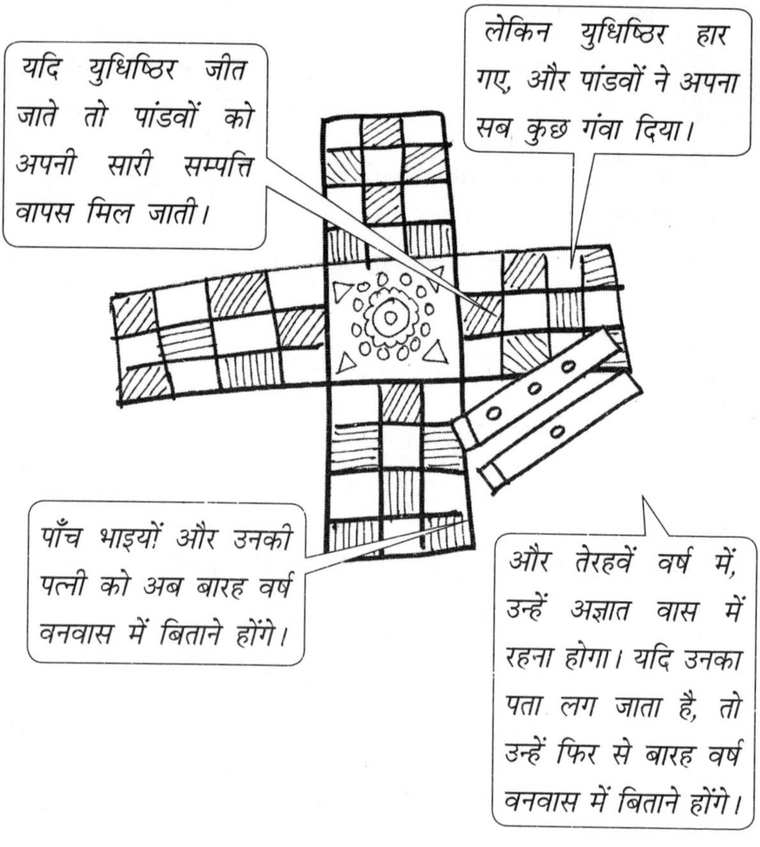

अध्याय 4

चौथी लड़ाई : निर्वासितों की

जुए के खेल में पांडवों ने न केवल अपनी सम्पत्ति बल्कि अपनी प्रतिष्ठा भी खो दी थी। वे अब जंगल में रहने के लिए मजबूर थे।

जंगल में पांडवों से मिलकर कृष्ण ने उन्हें सांत्वना दी और वचन दिया कि वे पांडव-पुत्रों की देखभाल करेंगे। पांडव अपना राज्य फिर से हासिल करने के लिए कौरवों के साथ तुरंत युद्ध करना चाहते थे। लेकिन श्रीकृष्ण ने उनसे कहा कि अपना वचन याद रखकर जुए के खेल की शर्तों को पूरा करना उनके लिए और उचित होगा।

जब पांडव अपने राज्य और अपनी स्वतंत्रता को जुए में गंवा रहे थे, तब श्रीकृष्ण अपने शहर, द्वारका को जरासंध के मित्रों द्वारा किए गए हमलों से बचाने में व्यस्त थे।

क्या आप जानते हैं? *महाभारत* में, जंगल में रहने वाले राक्षसों को अक्सर असुर कहा जाता है। वास्तव में असुर पृथ्वी के नीचे, पाताल-लोक में रहते हैं।

जंगल में, किर्मीर और जट के साथ-साथ अन्य राक्षसों ने पांडवों पर हमला किया। लेकिन भीम ने सभी को हरा दिया।

पांडव मार्कंडेय जैसे कई ऋषियों से भी मिले, जिन्होंने उन्हें सीता और राम की कहानी सहित अन्य कहानियाँ सुनाईं। इन ऋषियों के साथ पांडवों ने तत्त्व-ज्ञान पर चर्चा भी की। पांडव गुफाओं में रहते थे, और उन्होंने कई तीर्थस्थानों की यात्रा की।

एक दिन जंगल में जब अर्जुन ने एक जंगली सूअर का शिकार किया तब दूसरे शिकारी ने भी उस सूअर पर दावा किया। अर्जुन ने आग्रह किया कि चूँकि वह राजकुमार है, तो सूअर पर उसका अधिकार है। शिकारी नहीं माना और उसने अर्जुन को सूअर के लिए लड़ने की चुनौती दी। द्वंद्व में, शिकारी ने अर्जुन को बुरी तरह से पराजित किया। शिकारी वास्तव में भगवान शिव थे। इस घटना से उन्होंने अर्जुन को सीख दी कि राजा का उदार होना कितना महत्त्वपूर्ण है।

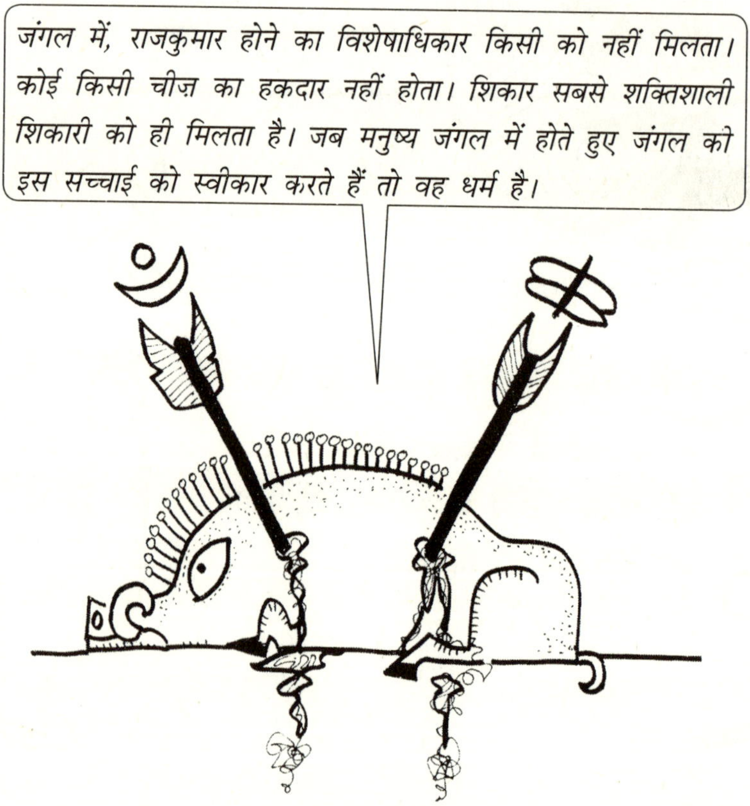

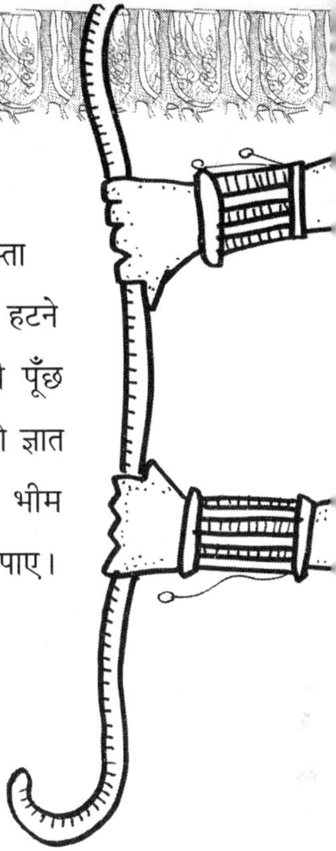

जंगल में, भीम सीधे चले जा रहे थे, इस उम्मीद में कि सभी जानवर उनके लिए रास्ता छोड़ेंगे। फिर एक बूढ़े वानर ने उनके रास्ते से हटने से इनकार कर दिया। उन्होंने भीम को उनकी पूँछ को लात मारकर हटाने के लिए कहा। भीम को ज्ञात हुआ कि वानर की पूँछ इतनी भारी थी कि भीम अपनी पूरी ताकत लगाकर भी उसे हटा नहीं पाए। फिर वानर ने भीम को बताया कि वास्तव में वे हनुमान हैं। उनसे भीम को यह सीख मिली कि एक राजा के लिए दयालु और विनम्र होना महत्त्वपूर्ण है।

क्या आपने ध्यान दिया ? महाकाव्य *रामायण* में प्रमुख पात्र, हनुमान, *महाभारत* के महाकाव्य में भी उपस्थित हैं।

एक बार, जंगल में युधिष्ठिर ने हिरण के शिकार का सपना देखा।

हिरण ने पांडवों को संयम और करुणा सिखाई।

जंगल में, जब युधिष्ठिर के भाइयों ने एक बगुले के प्रश्नों के उत्तर दिए बिना झील से पानी पिया तब उनकी मृत्यु हो गई।

लेकिन युधिष्ठिर ने बगुले के सभी प्रश्नों का उत्तर दिए बिना पानी नहीं पिया। उनके उत्तरों से स्पष्ट था कि वे धर्म को समझते थे। इससे बगुला प्रसन्न हुआ। लेकिन क्या युधिष्ठिर एक परीक्षा के लिए तैयार थे?

रामायण में, अपने वनवास में राम दक्षिण की ओर यात्रा करते हैं। *महाभारत* में, पांडव अधिकतर उत्तर में स्थित हिमालय की ओर यात्रा करते हैं। हालाँकि, माना जाता है कि भारत भर में ऐसी गुफाएँ और झरने हैं जिनमें पांडव अपने वनवास के दौरान रहे थे।

युधिष्ठिर ने जुआ खेलने में राजा का साथ दिया।

भीम ने बावर्ची का रूप धारण कर लिया।

वनवास के अंतिम वर्ष में, पांडवों को अज्ञात वास में रहना ज़रूरी था। तब उन्होंने मत्स्य राज्य जाकर राजा विराट के महल में नौकरों के वेष में सेवा की। उन्होंने अपनी पहचान गुप्त रखी। यदि किसी ने उन्हें पहचान लिया होता, तो उन्हें फिर से बारह वर्षों का वनवास भुगतना पड़ता।

इधर, पांडवों का सारा जीवन उथल-पुथल हो गया। यहाँ वे मालिक

अर्जुन किन्नर का रूप धारण करके नृत्य सिखाने लगे।

नहीं थे, न ही वे राजकुमार थे। यहाँ कोई उन्हें सम्मान नहीं देता था। लोग हमेशा उनका अपमान करते। इस एक वर्ष में वे जान गए कि कैसे अमीर लोग गरीबों के साथ दुर्व्यवहार करते हैं, कैसे शक्तिशाली लोग कमज़ोरों के साथ दुर्व्यवहार करते हैं और कैसे मालिक अपने कर्मचारियों का शोषण करते हैं। और इस तरह, द्रोण के छात्र बनकर उन्होंने जितना सीखा था, उससे कहीं ज़्यादा उन्होंने वनवास में सीखा।

नकुल अस्तबल में मदद करने लगे।

सहदेव ग्वाला बन गए।

द्रौपदी रानी की नाइन और दासी बन गई।

लेकिन एक रात, विराट के शक्तिशाली बहनोई, कीचक, ने द्रौपदी से छेड़छाड़ की। गुस्से में भीम ने उस पर हमला कर उसे मार डाला। कीचक की मृत्यु की खबर हस्तिनापुर तक फैल गई।

अध्याय 5

पाँचवीं लड़ाई : योद्धाओं की

तेरह वर्षों के अंदर पांडवों को ढूँढ़ निकालने पर कौरव बहुत खुश थे।

दुर्भाग्यवश, उनका आनंद बहुत समय तक नहीं टिका। भीष्म के अनुसार, कौरवों ने एक पूरे वर्ष की गणना नहीं की थी। हर तीन वर्षों की समाप्ति पर हर एक वर्ष में एक अतिरिक्त महीना जोड़ना आवश्यक था। कौरव यह करना भूल गए थे। इसलिए वास्तव में, पांडवों ने तेरह से अधिक वर्ष वनवास में बिताए थे।

क्या आप जानते हैं? विभिन्न समाजों में विभिन्न कैलेंडरों का उपयोग होता है। बारह महीनों वाले मानव-निर्मित कैलेंडर को मौसम के प्राकृतिक चक्र से मेल खाने के लिए लगातार बदलना पड़ता है और इसलिए आधुनिक कैलेंडर में कुछ महीने तीस दिनों के और कुछ महीने इकतीस दिनों के होते हैं। फ़रवरी में कभी अट्ठाईस दिन होते हैं तो कभी उनतीस दिन।

अपने दामादों की ओर से द्रुपद ने कौरवों से मिलने एक दूत भेजा। उनकी यह माँग थी कि समझौते का आदर करते हुए कौरवों को पांडवों की ज़मीन उन्हें लौटा देनी चाहिए। कौरवों ने मना कर दिया।

फिर कौरवों ने धृतराष्ट्र के सारथी, संजय, को पांडवों से यह कहने के लिए भेजा कि शांति बनाए रखने के लिए उन्हें अपने वनवास से लौटना नहीं चाहिए। पांडवों ने मना कर दिया।

फिर श्रीकृष्ण समझौता करने हस्तिनापुर गए। 'उन्हें सब कुछ नहीं बल्कि सिर्फ़ पाँच गाँव लौटा दो,' श्रीकृष्ण बोले। कौरवों ने मना कर दिया। इसके बदले उन्होंने पांडवों को भिखारी कहकर उनका अपमान किया।

यह स्पष्ट था कि दोनों में न कोई समझौता होने वाला था और न शांति कायम होने वाली थी। युद्ध निश्चित था। उनके जान पहचान वालों को अपने-अपने पक्ष

चुनना अनिवार्य हो गया था।

मद्र के राजा शल्य, को धोखा दिया गया ताकि वे अपने भांजों, नकुल और सहदेव, के बजाय कौरवों के लिए लड़ सकें।

श्रीकृष्ण के बड़े भाई, बलराम, ने भीम और दुर्योधन, दोनों को गदा युद्ध की उच्च श्रेणी की शिक्षा दी थी। वे न कौरवों के लिए लड़े न पांडवों के लिए। श्रीकृष्ण ने पांडवों और कौरवों दोनों का समर्थन किया : कौरवों ने श्रीकृष्ण की सेना को माँग लिया, जबकि पांडवों ने अर्जुन के सारथी के रूप में श्रीकृष्ण को स्वीकार किया।

पांडव सेना =
5 भाई
+ **7 पलटनें**
(द्रुपद और विराट की सेनाओं सहित)
+ **कृष्ण**

कौरव सेना =
100 भाई
+ **11 पलटनें**
(शल्य और श्रीकृष्ण की सेनाओं सहित)

भीष्म कौरव सेना के सेनापति थे जबकि धृष्टद्युम्न पांडव सेना के सेनापति थे। दोनों सेनाओं का कुरुक्षेत्र में युद्ध हुआ।

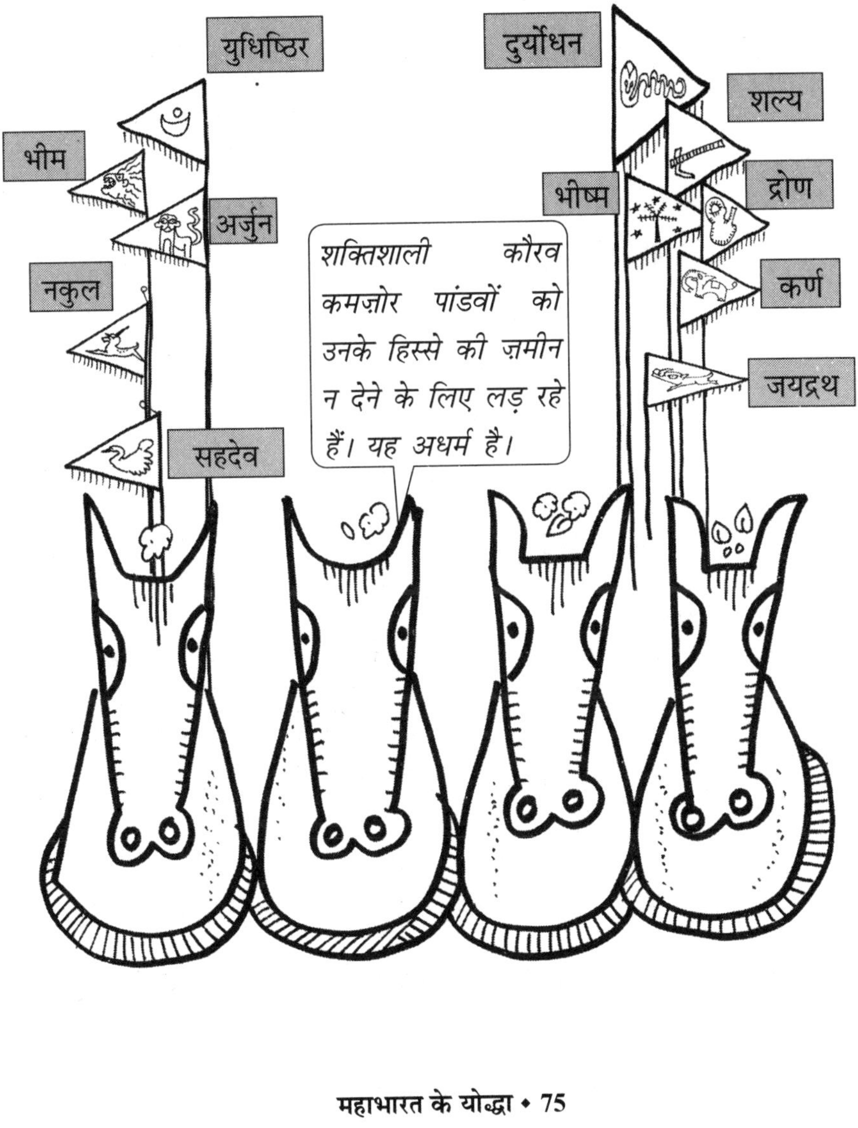

युद्ध का पहला दिन

जब अर्जुन ने दोनों सेनाओं को आमने-सामने खड़ा पाया, तो उन्हें दोनों ओर उनके चाचा, भाई और भतीजे दिखाई दिए।

गीता

क्या आप जानते हैं? श्रीकृष्ण ने अर्जुन को जो उपदेश दिया उसी को *श्रीमद्भगवद्गीता* कहा जाता है। इसके अठारह अध्याय और 700 श्लोक हैं। इसमें वैदिक ज्ञान समाया है।

लगभग 700 वर्ष पहले ज्ञानेश्वर ने मूल संस्कृत में लिखी *गीता* का मराठी में अनुवाद किया। इससे श्रीकृष्ण का ज्ञान जन-साधारण तक पहुँचने लगा। 200 वर्ष पहले चार्ल्स विल्किंस ने *गीता* का अंग्रेज़ी में अनुवाद किया। आज, करीब 50 भाषाओं में *गीता* के लगभग 3000 अनुवाद पाए जाते हैं।

कर्म योग

आपके पिछले कर्म आपकी वर्तमान परिस्थितियों को निर्धारित करते हैं। आपके वर्तमान कर्म आपके भविष्य की परिस्थितियों को निर्धारित करते हैं। अपने वर्तमान को मत टालो। अपना कर्तव्य पूरा करो।

ज्ञान योग

मरने वाला हर कोई पुनर्जन्म लेगा। उसकी आत्मा अपने पुराने शरीर को पुराने कपड़ों की तरह त्याग देगी और नए कपड़ों की तरह एक नया शरीर धारण करेगी।

भक्ति योग

मुझ पर विश्वास करो। अपनी तरफ़ से पूरी कोशिश करो। परिणाम मुझ पर छोड़ दो। मैं भगवान हूँ और मेरा विशेष प्रिय कोई नहीं है। मैं सभी को समान रूप से प्रेम करता हूँ।

श्रीकृष्ण के उपदेशों से प्रबुद्ध होकर अर्जुन ने शंखनाद किया और युद्ध की घोषणा की। फिर एक घमासान युद्ध हुआ—हर दिशा से बाण छोड़े गए और रणभूमि तलवारों की खनखनाहट और गदाओं के धमाकों के साथ-साथ मनुष्यों, घोड़ों और हाथियों की चीत्कारों और चिंघाड़ों से गूँज उठी।

हर योद्धा की एक शंख की तुरही होती थी, जिसे एक विशेष नाम दिया जाता था। अर्जुन की तुरही का नाम देवदत्त था, जबकि श्रीकृष्ण के शंख का नाम पांचजन्य था।

हाथ काट दिए गए, पेट चीर दिए गए और आँखें नोचकर कोटरों से निकाल दी गईं। हर दिन, यह घमासान युद्ध सुबह शुरू होता और शाम तक चलता। तब घायल सैनिक आराम करने और उपचार पाने के लिए अपनी छावनियों में चले जाते।

नौ दिनों तक दोनों पक्षों में बराबरी का युद्ध हुआ। दोनों पक्ष एक दूसरे जितने शक्तिशाली थे। पांडव असमंजस में थे।

युद्ध का दसवाँ दिन

अर्जुन ने भीष्म पर तब वार किया जब उनके आगे के रथ पर शिखंडी सवार थे। शिखंडी को देखते ही भीष्म ने अपना धनुष नीचे कर दिया और अर्जुन ने उन्हें आसानी से अपने रथ से गिरा दिया। उनकी मृत्यु संभव नहीं थी, इसलिए श्रीकृष्ण के कहने पर अर्जुन ने उन्हें अपने बाणों की शैया पर ज़मीन से बाँधकर लिटा दिया।

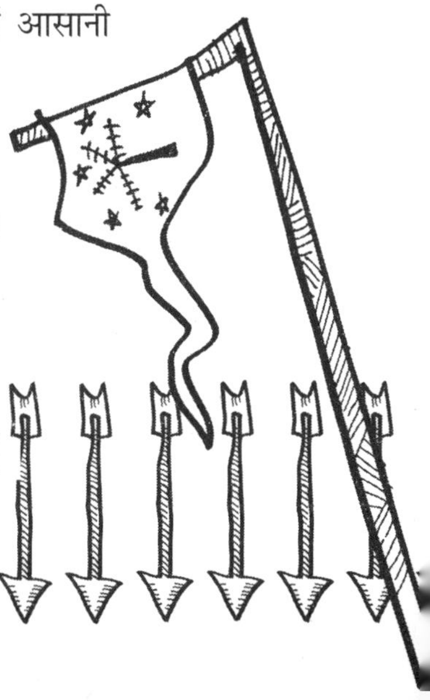

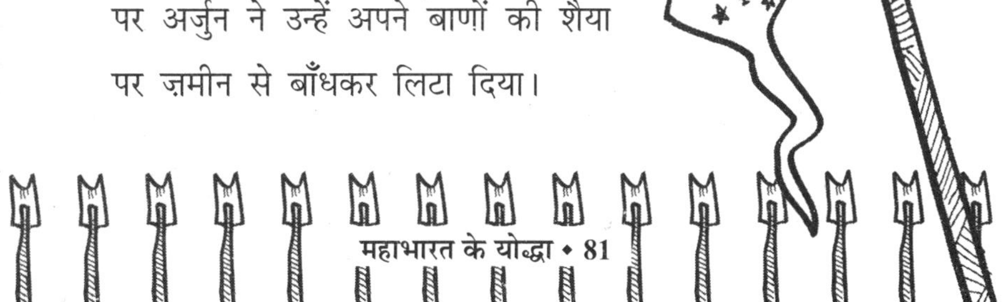

युद्ध का तेरहवाँ दिन भीष्म की पराजय के बाद, द्रोणाचार्य कौरव सेना के सेनापति बने। द्रोण एक क्रूर योद्धा थे। खुद गुरु होने के बावजूद उन्होंने युद्ध के सभी नियमों को तोड़ा। पांडवों को फँसाने के उद्देश्य से उन्होंने चक्रव्यूह का निर्माण किया। इसके बावजूद, अभिमन्यु के प्रयासों से पांडव बच निकले। लेकिन अभिमन्यु फँस गए।

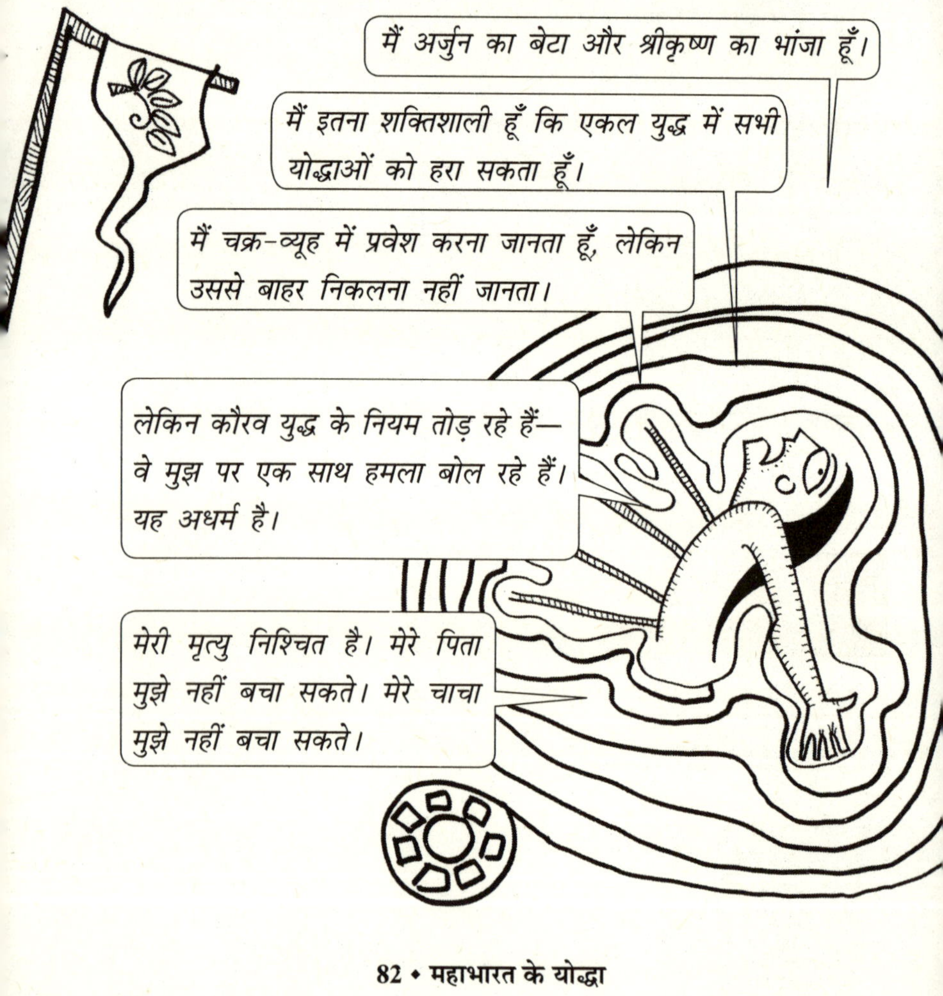

युद्ध का चौदहवाँ दिन

अर्जुन को बताया गया कि कैसे कौरवों ने अनुचित ढंग से अभिमन्यु का वध किया था। पांडवों ने अर्जुन को बताया कि कैसे जयद्रथ ने उन्हें चक्रव्यूह में प्रवेश कर अपने भतीजे को बचाने से रोका था। तब अर्जुन ने शपथ लेते हुए कहा, ''मैं सूर्यास्त से पहले जयद्रथ का वध करूँगा और यदि मैं इसमें असफल होता हूँ, तो मैं आत्महत्या कर लूँगा।''

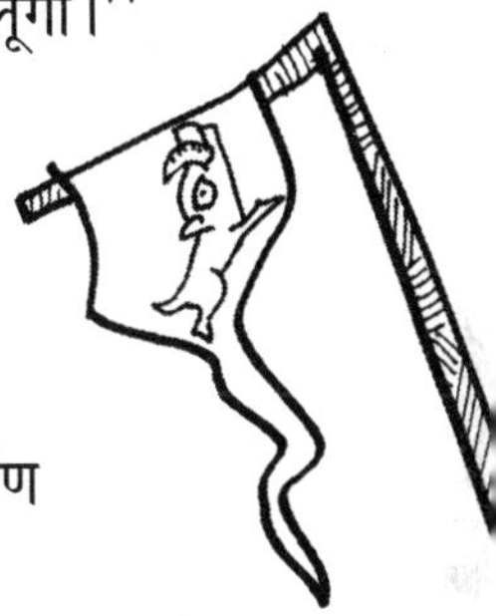

जब कौरवों को उनकी शपथ का पता चला तब उन्होंने सूर्यास्त तक जयद्रथ को सुरक्षित रखने की पूरी कोशिश की। उनके इस प्रयास को विफल करने के लिए श्रीकृष्ण ने अपनी शक्तियों से भ्रम का निर्माण किया कि सूर्यास्त हो चुका है।

अंधेरे में, जैसे ही कौरव अपनी विजय मनाने लगे, श्रीकृष्ण ने अर्जुन को जयद्रथ की हँसी की दिशा में बाण चलाने के लिए कहा। बाण जयद्रथ को लगा और वे मारे गए।

सिंधु के राजा, जयद्रथ, कौरवों की बहन दुशाला के पति थे।

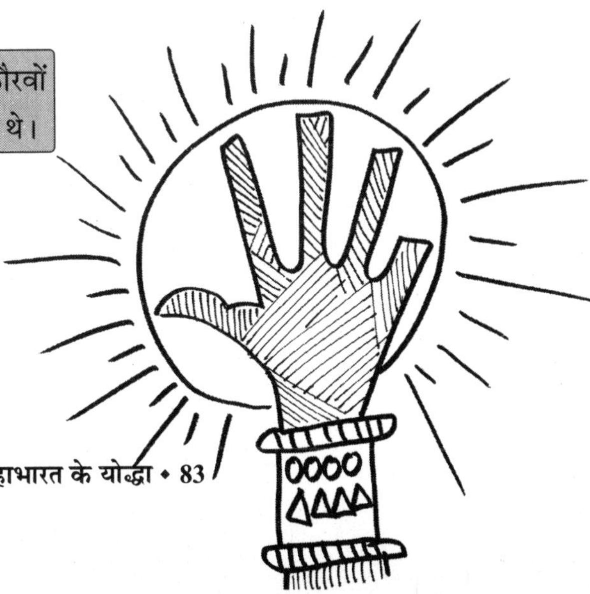

युद्ध की चौदहवीं रात

द्रोणाचार्य ने श्रीकृष्ण पर उन्हें धोखा देने का आरोप लगाया। इसलिए उन्होंने कौरवों को सूर्यास्त के बाद भी युद्ध जारी रखने का आदेश दिया। कौरवों ने रणभूमि को दीयों और मशालों से रोशन कर युद्ध जारी रखा।

तब श्रीकृष्ण ने घटोत्कच को पांडव सेना का नेता बनाया। घटोत्कच राक्षसी हिडिंबि के बेटे थे। इसलिए अंधेरे में उनकी शक्ति बढ़ जाती थी। घटोत्कच को मारने के लिए कर्ण अपने सबसे कीमती दैवीय अस्त्र का उपयोग करने को विवश हो गए, एक ऐसा अस्त्र जो अपने लक्ष्य से कभी नहीं चूकता था।

कर्ण अपनी दानशीलता के लिए प्रसिद्ध थे। कर्ण के पास विश्व के सभी हथियारों से उन्हें सुरक्षित रखने वाला दिव्य कवच और कुंडल थे। युद्ध शुरू होने के ठीक पहले, जब एक बूढ़े व्यक्ति ने उनसे कवच और कुंडल माँगे थे, तब कर्ण ने निःसंकोच उस बूढ़े व्यक्ति को कवच और कुंडल दे दिए थे। फिर उस व्यक्ति ने कर्ण को बताया कि वह देवताओं के राजा, इन्द्र है। उन्होंने कर्ण से उनका सुरक्षा कवच और उनके कुंडल इसलिए लिए थे कि वे कर्ण को रणभूमि पर अर्जुन से अधिक शक्तिशाली बना देते। लेकिन इन्द्र कर्ण की उदारता से इतने प्रभावित हुए कि उन्होंने कर्ण को एक ऐसा अस्त्र दिया जो कभी भी अपने लक्ष्य से नहीं चूकता था।

''मैं अर्जुन के विरुद्ध इसका उपयोग करूँगा,'' कर्ण ने मुस्कुराते हुए कहा था। दुर्भाग्यवश, घटोत्कच के विरुद्ध उसका उपयोग करने को वे विवश हो गए।

युद्ध का पंद्रहवाँ दिन

अभिमन्यु और घटोत्कच का वध करने के बाद, उग्र द्रोणाचार्य द्रुपद और विराट का वध करने निकले। वे अपराजेय लग रहे थे इसलिए श्रीकृष्ण ने उन्हें मारने के लिए एक विस्तृत चाल चली।

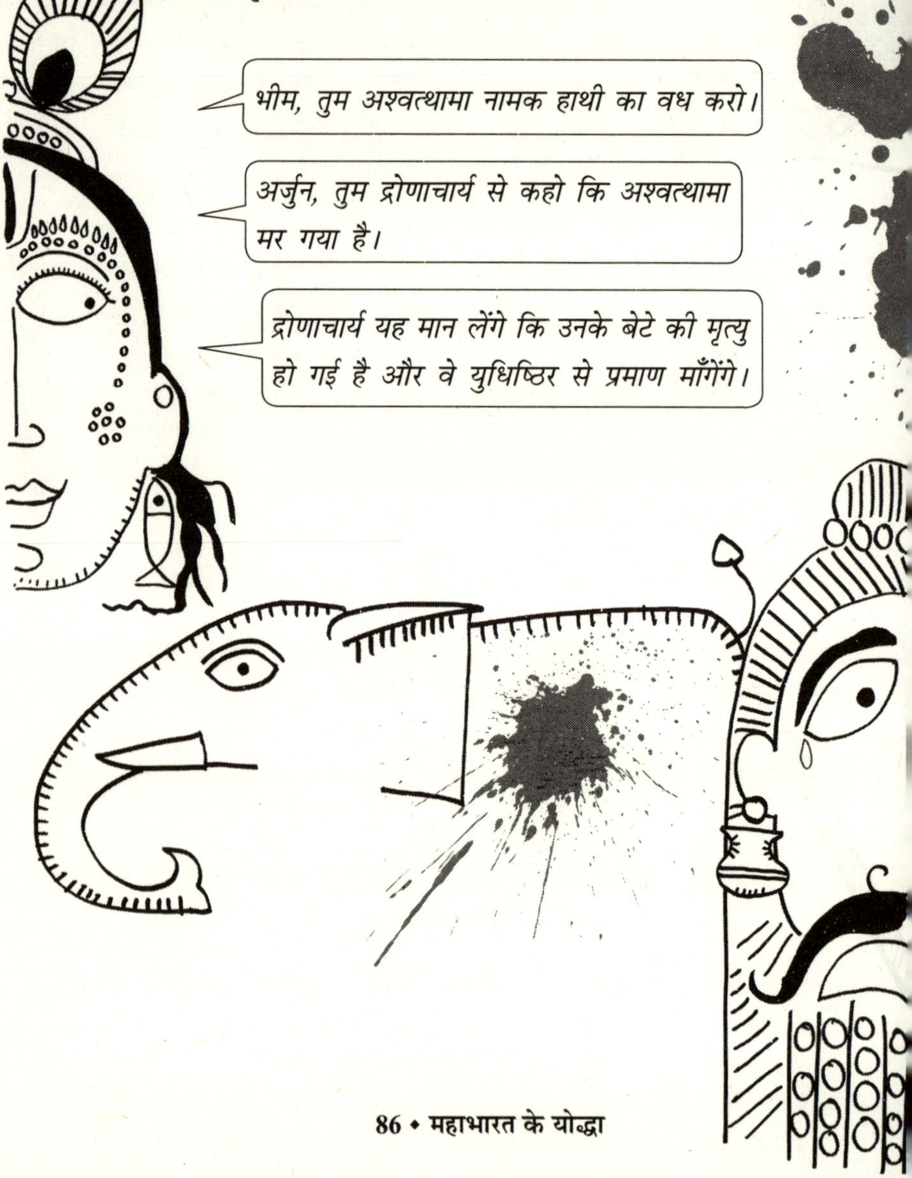

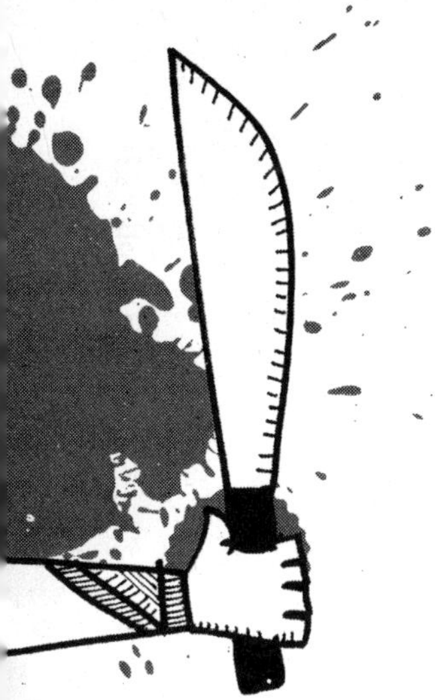

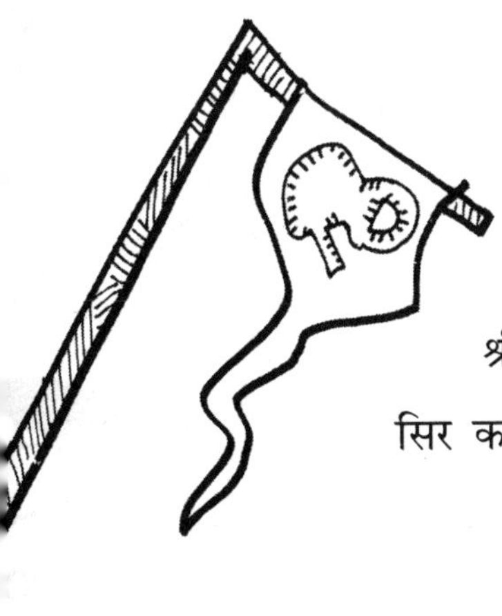

श्रीकृष्ण की चाल चल गई। द्रोणाचार्य का सिर काट दिया गया। पांडवों को चैन मिला।

युद्ध का सोलहवाँ दिन

अब कर्ण कौरव सेना के सेनापति बन गए। तब श्रीकृष्ण ने कर्ण को उनके जन्म का रहस्य बताया—कि वे पांडवों के सबसे बड़े भाई हैं। और पांडवों का समर्थन करके वे युद्ध को रोक सकते थे, यहाँ तक कि वे राजा भी बन सकते थे। लेकिन कर्ण ने दुर्योधन को त्यागने से इनकार कर दिया।

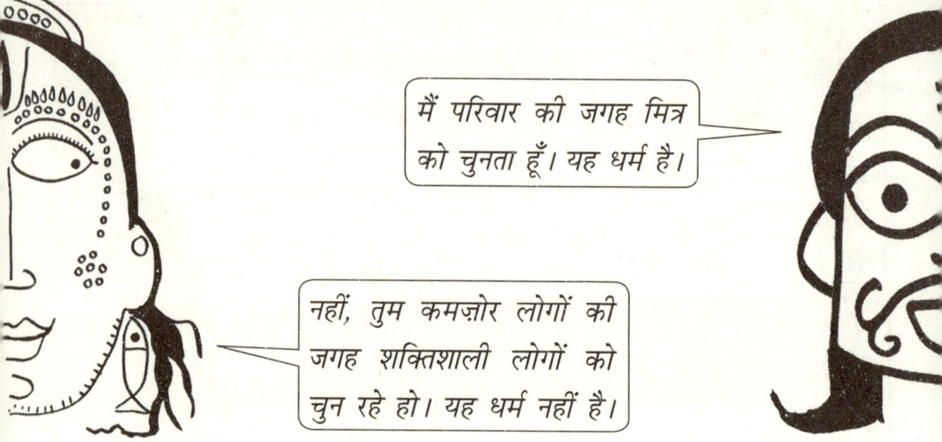

रात में कुंती ने रणभूमि में आकर कर्ण को मनाने की कोशिश की। पर कर्ण अड़े रहे। लेकिन उदार बनकर उन्होंने एक वचन दिया, "हे पांडवों की माँ, अर्जुन को छोड़कर, मैं आपके किसी भी बेटे को चोट नहीं पहुँचाऊँगा! यह मेरा वचन है," कर्ण ने शपथ ली।

दुर्भाग्यवश, अर्जुन के साथ युद्ध करते समय कर्ण का रथ कीचड़ में फँस गया। उनके द्वारा अपने गुरु से सीखे जादुई मंत्र भी काम नहीं आए। उन्हें अपने धनुष को नीचे रखकर, पहिए को निहत्थे हाथों से बाहर निकालना पड़ा। उनकी इस निहत्थी और कमज़ोर अवस्था में श्रीकृष्ण के कहने पर अर्जुन ने बाण से उनका वध किया।

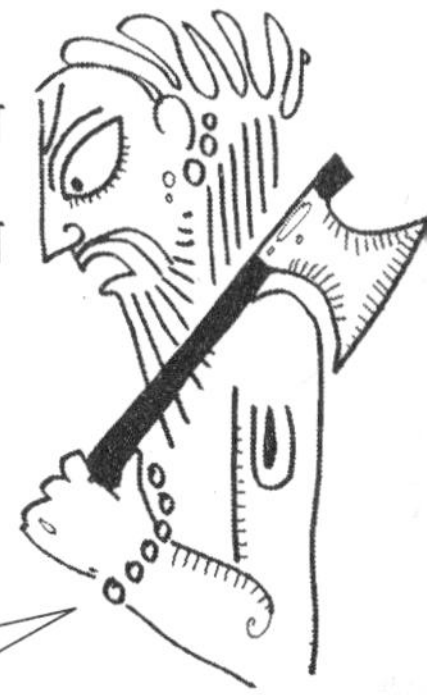

मैं कर्ण का गुरु, परशुराम हूँ। जब कर्ण मेरा छात्र बना तब उसने अपनी असली पहचान मुझसे छिपाए रखी। इसलिए मैंने उसे शाप दिया था कि जब उसे मेरी विद्या की सबसे ज़्यादा ज़रूरत होगी तब वह उसके काम नहीं आएगी। इसीलिए वह मेरे मंत्रों के ज़रिये पहिए को कीचड़ से मुक्त नहीं करा सका।

मैं पृथ्वी हूँ। एक बार, जब किसी लड़की के हाथों मुझ पर कुछ दूध गिर गया, तब कर्ण ने अपनी अलौकिक शक्ति से मुझसे वह दूध निचोड़कर उसे बर्तन में वापस डाल दिया। इस अनादर के लिए उसे शिक्षा देने के लिए, मैंने उसके रथ के पहिए को उसकी मृत्यु होने तक फाँसे रखा।

बेचारे कर्ण, जन्म होते ही उनकी माँ ने उन्हें त्याग दिया। फिर पांडवों ने उनका अपमान किया और कौरवों ने उनका शोषण किया। इसके बावजूद वे जीवनभर सबके प्रति उदार बने रहे। सारथी के बेटे की तरह उनकी मृत्यु रथ का पहिया बाहर निकालते हुए हुई।

युद्ध का अठारहवाँ दिन

कर्ण की मृत्यु के बाद, जब शल्य कौरवों के सेनापति बने, तब युधिष्ठिर ने भाले से उनका वध किया। जबकि नकुल और सहदेव ने अपनी तलवारों से शकुनि का वध किया।

रणभूमि में हर दिन, भीम एक-एक कर हर कौरव की हड्डियाँ तोड़कर उन्हें मारने की अपनी प्रतिज्ञा को पूरा कर रहे थे। उन्होंने द्रौपदी के बाल भी कौरवों के खून से धोए ताकि तेरह वर्षों से खुले बाल वह बाँध सके।

दुःशासन दूसरे कौरव थे जिन्होंने द्रौपदी का वस्त्रहरण किया था। भीम ने उनकी अंतड़ियाँ चीरकर बाहर निकालीं।

निन्यानवे कौरवों का वध करने के बाद, भीम, सौवें कौरव, दुर्योधन, की खोज में निकले। जब उन्होंने दुर्योधन को झील में ढूँढ़ निकाला तब दोनों शेर की तरह दहाड़ते हुए एक-दूसरे पर टूट पड़े।

उनका घमासान युद्ध लम्बे समय तक चला। फिर श्रीकृष्ण के उकसाने पर, भीम ने दुर्योधन की जाँघ पर प्रहार किया। दुर्योधन चौंक गए क्योंकि यह युद्ध के नियमों के विरुद्ध था। लेकिन युद्ध ऐसे पड़ाव पर पहुँच गया था कि किसी को कोई परवाह नहीं थी। सौवें कौरव तड़पते हुए धरती पर गिरे, हिलने में असमर्थ। धीरे-धीरे उनका खून बहने से उनकी मृत्यु हुई।

युद्ध की अठारहवीं रात

कौरवों पर अपनी जीत को मनाने के लिए पांडवों ने एक महान भोज आयोजित किया। लेकिन द्रोणाचार्य के बेटे, अश्वत्थामा, अब भी जीवित थे और इसलिए उनके लिए युद्ध जारी था। रात में, जब सब सो रहे थे, तब पांडवों के तंबू में जाकर उन्होंने पाँच भाइयों का सिर काटकर उनकी छावनी को आग लगा दी। लेकिन जब आग की लपटें भड़क उठीं तो उनकी रोशनी में उन्हें दिखा कि उन्होंने पाँच पांडवों की नहीं बल्कि द्रौपदी के पाँच बेटों की हत्या की थी।

उत्तराखंड में *महाभारत* को पांडव नृत्य के रूप में प्रदर्शित किया जाता है और छत्तीसगढ़ में उसका पंडवानी के रूप में कथन किया जाता है।

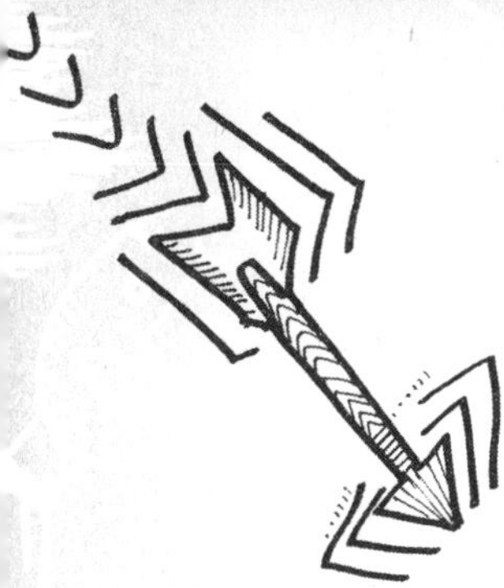

निराश अश्वत्थामा ने अपना धनुष उठाकर पांडवों को नष्ट करने के लिए भयानक ब्रह्मास्त्र छोड़ा। उसके विरुद्ध अर्जुन ने भी अपनी ओर से ब्रह्मास्त्र छोड़ दिया। इसे देखकर श्रीकृष्ण चौंक गए। वे जानते थे कि यदि दोनों अस्त्र एक–दूसरे से टकराते तो विश्व का अंत हो जाता। इसलिए उन्होंने दोनों धनुर्धरों को अस्त्र अपने तरकश में वापस बुलाने का आदेश दिया। अर्जुन ने ऐसा ही किया, लेकिन अश्वत्थामा ने ऐसा करने से इनकार कर दिया और उसके बदले उन्होंने ब्रह्मास्त्र को अभिमन्यु की विधवा, उत्तरा, के गर्भ में पल रहे बच्चे की ओर भेजा, क्योंकि यह बालक पांडवों का एकमात्र जीवित उत्तराधिकारी था।

श्रीकृष्ण ने तुरंत बच्चे को अपने शरीर से ढँककर उसकी रक्षा की और ब्रह्मास्त्र का प्रहार अपने शरीर पर झेला। फिर प्रतिशोधी अश्वत्थामा को शाप देते हुए उन्होंने कहा, ''तुम कभी नहीं मरोगे। तुम्हारे घाव कभी नहीं भरेंगे। तुम्हारा जीवन अनंत काल तक दर्द भरा और शर्मनाक रहेगा।''

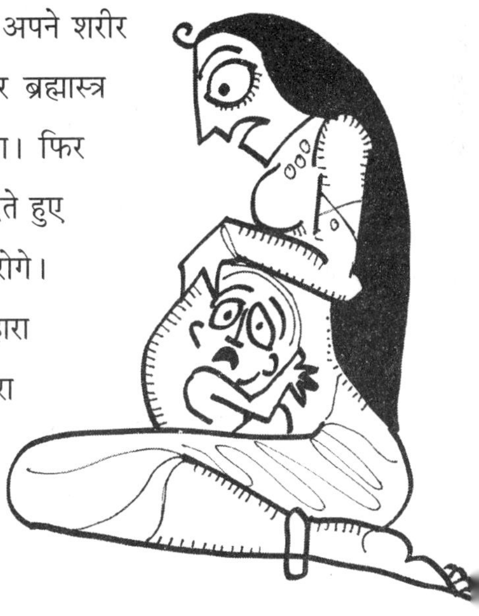

इस प्रकार अठारह दिनों तक चलने वाला कुरुक्षेत्र का युद्ध समाप्त हुआ। सभी कौरव मर चुके थे और विजयी पांडवों के बेटे भी—अभिमन्यु, घटोत्कच और द्रौपदी के पाँचों बेटे भी मृत्यु को प्राप्त हुए थे। पांडवों को यह भी पता चला कि उन्होंने अपने ही बड़े भाई, कर्ण, को मार डाला था, जिन्हें वे हमेशा सारथी का बेटा कहकर बुलाते थे। और यह सब इसलिए हुआ था कि कौरव सूई की नोक भर ज़मीन भी बाँटना नहीं चाहते थे।

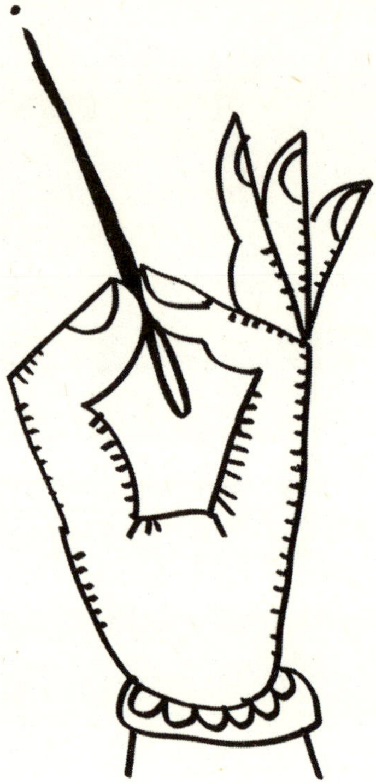

क्या आप जानते हैं? भारत के विभिन्न हिस्सों में विभिन्न भाषाओं में बताए गए *महाभारत* के लोक संस्करणों के अनुसार, अर्जुन और नाग राजकुमारी, उलूपी, के बेटे इरावन और एक दूसरी नाग राजकुमारी से जन्मे, भीम के पौत्र, बर्बरीक सहित पांडवों के अन्य बेटों की भी मृत्यु हुई।

अध्याय 6

छठी लड़ाई : वैरागियों की

युद्ध समाप्त हो चुका था। पांडवों की जीत हुई थी। पाँचों भाइयों को सम्पूर्ण कुरु भूमि पर शासन करने के लिए आमंत्रित किया गया—न केवल इन्द्रप्रस्थ शहर पर, बल्कि हस्तिनापुर शहर पर भी। लेकिन सबसे पहले, पांडु के बेटे बड़ों का आशीर्वाद लेने और उनसे क्षमा माँगने गए।

जब वे धृतराष्ट्र से मिलने गए, तब श्रीकृष्ण ने जन्मांध राजा और भीम के बीच एक लोहे की मूर्ति रख दी। अपने क्रोध में धृतराष्ट्र ने इस मूर्ति को गले लगाकर उसे तोड़ दिया, यह सोचकर कि वे अपने बेटों के हत्यारे, भीम को भींच रहे थे। बाद में, उन्हें यह जानकर चैन मिला कि वास्तव में उन्होंने भीम को नहीं बल्कि एक मूर्ति को भींच कर तोड़ा था।

भारतीय नाविक *महाभारत* की कहानी भारत से दक्षिण-पूर्व एशिया के इंडोनेशिया, थाईलैंड और कंबोडिया जैसे देशों तक ले गए।

कुरु वंश के बुज़ुर्गों ने जैसे पांडवों को कौरवों का वध करते हुए देखा था। उसी तरह श्रीकृष्ण की आँखों के सामने उनके परिवार के सदस्यों ने भी एक–दूसरे का संहार किया। बाद में, एक दिन जंगल में, एक शिकारी ने श्रीकृष्ण को हिरण समझकर उनके पैर में ज़हरीला बाण मार दिया। इस प्रकार, पांडवों के फुफेरे भाई, श्रीकृष्ण, की जंगल के एक जीव की भाँति मृत्यु हुई।

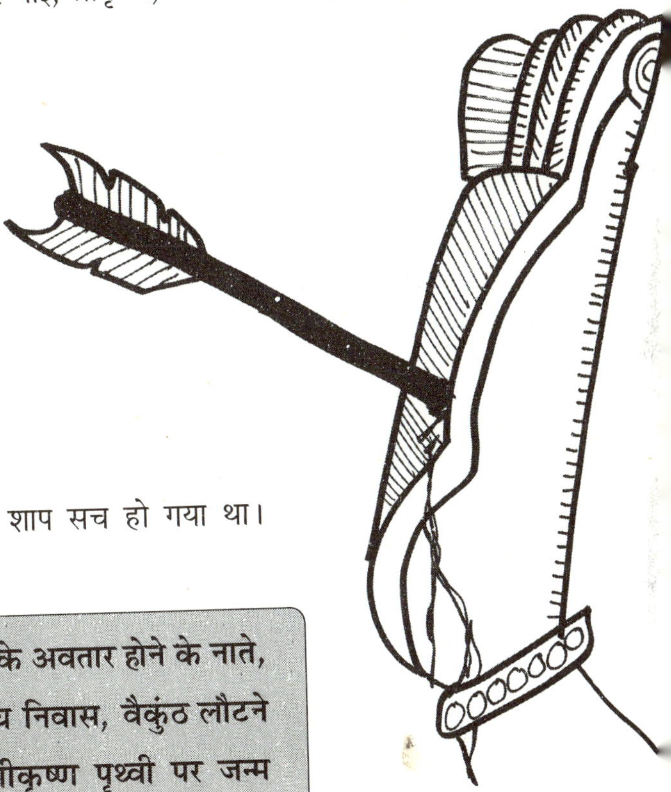

गांधारी का शाप सच हो गया था।

अमर विष्णु के अवतार होने के नाते, उनके स्वर्गीय निवास, वैकुंठ लौटने से पहले, श्रीकृष्ण पृथ्वी पर जन्म और मृत्यु का अनुभव करते हैं।

पांडवों ने पृथ्वी पर तब तक शासन किया जब तक परीक्षित बड़े होकर राजा बनने योग्य नहीं हो गए। फिर युधिष्ठिर ने परीक्षित को राजा बनाकर खुद राजपद से निवृत्ति ली। अपना सारा धन दूसरों में बाँटकर उन्होंने सबसे विदा ली। अपने भाइयों और द्रौपदी के साथ, वैरागी बनकर वे जंगल के लिए निकल पड़े। वे नंगे पाँव, उत्तर दिशा में, हिमालय की ओर चले।

महाभारत दो स्वर्गों की बात करता है : स्वर्ग, जहाँ सभी इच्छाएँ पूरी होती हैं और वैकुंठ, जहाँ इच्छाएँ होती ही नहीं हैं।

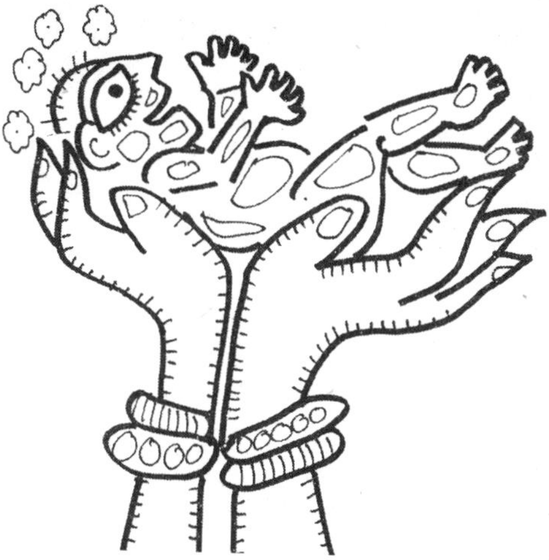

जब अभिमन्यु की विधवा, उत्तरा, ने उनके बेटे, परीक्षित, को जन्म दिया, तब परिवार के बुज़ुर्ग जान गए कि उनकी पीढ़ी के लिए निवृत्त होने का समय आ गया है। इसलिए धृतराष्ट्र और गांधारी ने जंगल में जाकर रहने का निर्णय लिया। कुंती और विदुर भी उनके साथ गए। वे जंगल में महल की विलासिता से वंचित, वैरागियों सा सरल जीवन जीने लगे।

कई वर्षों बाद, जंगल में लगी आग में उनका निधन हुआ। उन्हें अब मृत्यु का डर नहीं था इसलिए उन्होंने मृत्यु का कोई विरोध नहीं किया।

क्या आप जानते हैं? सम्पत्ति और इच्छाओं को त्यागने का विषय *महाभारत* में सामान्य बात रही है।

इस बीच, वहाँ से बहुत दूर, श्रीकृष्ण के द्वारका में, एक नया युद्ध छिड़ गया था। इसमें पांडवों और कौरवों के पक्ष में लड़ने वाले यादवों में वाद-विवाद होने लगा। वाद-विवाद आपसी मार-पीट में बदल गया और फिर वे लड़ने लगे। हथियार न मिलने पर, यादवों ने एक-दूसरे पर समुद्र के किनारे उगने वाले नरकटों से हमला करना शुरू कर दिया। नरकट इतने तेज़ थे कि उन्होंने हथियार का रूप ले लिया।

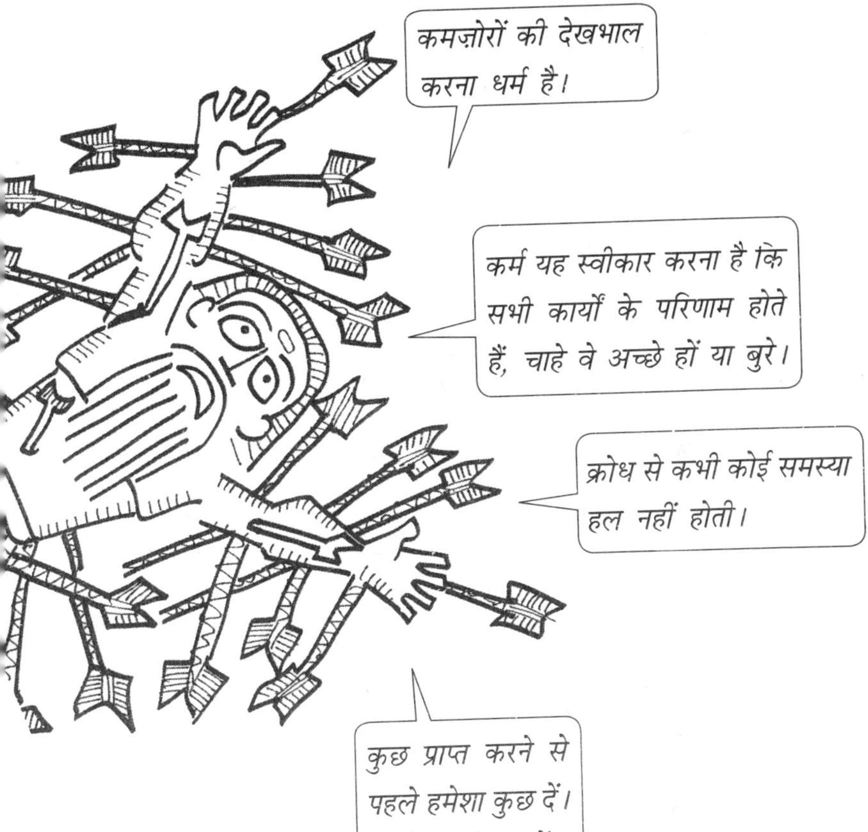

अपना ज्ञान देने के बाद, भीष्म ने मृत्यु का वरण करने का निश्चय किया, चूँकि अब पृथ्वी को एक आदर्श राजा मिल गया था।

फिर पांडव हस्तिनापुर लौट आए, जहाँ युधिष्ठिर को राजा बनाया गया। कई वर्षों के दुःख के बाद यह खुशी का मौका था। इस खुशी में अतीत को भुला दिया गया। पांडवों का राजसी घोड़ा विश्वभर में घूमा। वह जहाँ भी गया वहाँ शांति और सद्भाव का संदेश फैल गया।

फिर वे गांधारी से मिले, जो उन्हें क्षमा तो करना चाहती थी, लेकिन अपने क्रोध को नियंत्रित नहीं कर सकी। अपने प्रकोप में, उनकी आँखें सूज गईं और उनकी आँख की पट्टी के कोने से उनकी दृष्टि युधिष्ठिर के पैर के अँगूठे पर पड़ी। उनके गुस्से से झुलसकर वह अँगूठा नीला पड़ गया।

फिर गांधारी ने श्रीकृष्ण को युद्ध के लिए दोषी ठहराते हुए उन्हें शाप दिया। श्रीकृष्ण ने प्रतिरोध नहीं किया। उन्होंने कौरवों की शोकग्रस्त माँ को बस गले लगाकर उन्हें सांत्वना दी।

> तमिलनाडु में, कुछ समुदाय द्रौपदी और गांधारी को देवी मानते हैं।

फिर पांडव पितामह भीष्म से मिले, जो बाणों की शय्या पर लेटे मृत्यु के उचित समय की प्रतीक्षा कर रहे थे। किसी राजा को धर्म कैसे निभाए रखना चाहिए इसके बारे में उन्होंने पांडवों को विस्तार में बताया। उनकी शिक्षा से आश्वस्त होकर युधिष्ठिर को फिर से मन की शांति प्राप्त हुई।

क्या आप जानते हैं? भीष्म की शिक्षा को समझाने के लिए *महाभारत* के अठारह अध्यायों में से दो अध्याय और *महाभारत* के लगभग एक तिहाई श्लोकों का उपयोग किया गया है। इससे स्पष्ट है कि ये महाकाव्य अच्छा राजा कैसे बनें इसे सबसे ज़्यादा महत्त्व देकर हमें बार-बार इसका ध्यान दिलाता है।

निष्कर्ष

परस्पर मिल-बाँट कर रहना ही सबसे महत्त्वपूर्ण है

जंगली जानवर अपने लिए खाना प्रकृति से प्राप्त करते हैं। लेकिन एक मनुष्य दूसरे मनुष्य को खाना दे सकता है। जब कोई मनुष्य दूसरों के साथ अपना भोजन साझा करने से इनकार करते हैं, तब भूखे हमला करते हैं और यहीं से शुरू होता है युद्ध। आपस में साझा करने से इनकार ही कौरवों और पांडवों में युद्ध का प्रमुख कारण बना।

लेकिन साझा करना आसान नहीं है।

जब पांडव असहाय थे तब उन्हें अपने क्रूर कुरु भाइयों के हाथों पीड़ा सहनी पड़ी। शरणार्थी बनकर उन्हें अजनबियों का सहारा लेना पड़ा। राजा बनकर वे समझे कि कैसे कोई भूमि एक साथ मनुष्यों और जानवरों की नहीं हो सकती। निर्वासित बनकर उन्होंने जंगल के जीवों

और पक्षियों से उदारता, कोमलता, संयम और करुणा के मूल्य सीखे। विराट के महल में नौकर बनकर उन्होंने समझा कि कैसे मालिक गरीबों और कमज़ोर लोगों के साथ दुर्व्यवहार करते हैं। योद्धा बनकर उन्होंने बिना घृणा किए लड़ना सीखा और यह भी समझा कि अगर इरादे सही नहीं हैं तो नियम किसी काम के नहीं। वैरागी बनकर, उन्होंने सभी सम्पत्ति को त्यागना सीखा। इस सबके बावजूद और ऋषियों के ज्ञान और श्रीकृष्ण का समर्थन पाने के बाद भी पांडवों को कौरवों के साथ स्वर्ग को साझा करने में बहुत मुश्किल महसूस हुई। पाडंव कौरवों को कभी माफ नहीं कर पाये और उनके प्रति घृणा का भाव अपने मन से कभी भी निकाल नहीं पाये।

जब तक हम अपनी सम्पत्ति साझा ना करने के लिए बहाने, कारण और औचित्य ढूँढ़ते रहते हैं, तब तक शक्तिशाली कमज़ोरों की देखभाल कभी नहीं करेंगे और कमज़ोर हमेशा शक्तिशाली लोगों से घृणा करते रहेंगे। मानव समाज में कोई धर्म नहीं होगा। यदि हमें लड़ना ही है, तो क्यों न हम अपने भीतर की उस इच्छा से लड़ें जो हमें साझा करने से रोकती है, वो इच्छा जो हमें मानव बनने से रोकती है।

❑❑❑

लेकिन युधिष्ठिर फिर भी परेशान थे।

तब युधिष्ठिर समझ गए कि धर्म की स्थापना बदला लेने से नहीं बल्कि निष्पक्षता से होती है। धर्म बहस करने में नहीं, साझा करने में है। धर्म घृणा करने में नहीं, प्रेम करने में है। धर्म क्षमा कर लड़ाई रोकने में है। और इसलिए उन्होंने

कौरवों को क्षमा कर दिया!

और उसी क्षण, उन्हें स्वर्ग में वे सब दिखे जिन्हें वे पृथ्वी पर जानते थे : कौरव, पांडव, यादव, कर्ण, द्रौपदी और सभी बुज़ुर्ग, यहाँ तक कि शकुनि और विदुर भी। सभी मुस्कुराते हुए खुश और शांतिपूर्ण थे।

पांडवों में से केवल युधिष्ठिर ही स्वर्ग के द्वार तक पहुँचे। हस्तिनापुर से उनका पीछा करता हुआ एक कुत्ता भी उनके साथ था।

''आप आ सकते हैं, लेकिन यह कुत्ता स्वर्ग में नहीं आ सकता,'' देवता बोले।

''यह गलत है। इस निष्ठावान साथी के बिना मैं प्रवेश नहीं करूँगा,'' युधिष्ठिर ने कहा।

इससे देवता प्रभावित हुए। उन्होंने कहा, ''युधिष्ठिर जैसे न्यायपूर्ण राजा का मृत्यु का अनुभव किए बिना स्वर्ग में प्रवेश

करने का हक मिलता है।"

स्वर्ग में, युधिष्ठिर को श्रीकृष्ण दिखे। फिर उन्होंने कौरवों को भी, देवताओं की संगत में स्वर्ग का आनंद लेते हुए देखा। युधिष्ठिर इससे खुश नहीं थे।